¡AL LORO! EN LA CIUDAD

El estudio del cerebro de los niños y las niñas es fundamental para diseñar el aprendizaje. Gracias a las investigaciones de la neuroeducación, sabemos que este órgano se va modelando con las experiencias vividas en casa y en el colegio. El cerebro está preparado para adaptarse al aprendizaje de nuevas habilidades a todas las edades, pero en los primeros años se desarrollan las funciones cerebrales básicas y las familias necesitan herramientas prácticas para el acompañamiento de estos procesos.

La colección *¡Al loro!* estimulará las destrezas y la creatividad de los más pequeños de la casa. Cada cuaderno ofrece juegos etiquetados en las categorías que indican los pictogramas, así como adhesivos y papeles para recortar y completar algunas de las actividades propuestas.

¡Al loro y buen trabajo!

PICTOGRAMAS

PENSAMOS   TRAZAMOS   PEGAMOS   CONTAMOS   CREAMOS

PEGAMOS Y PENSAMOS

¡Cuántos colores tiene la ciudad! Pega los adhesivos. Señala la casa que tiene dos ventanas y la que tiene una chimenea por la que sale humo.

PENSAMOS

Tacha todos los coches que echan humo.

TRAZAMOS

¿Quieres aprender a dibujar una bicicleta?
Completa esta uniendo los siete puntos.

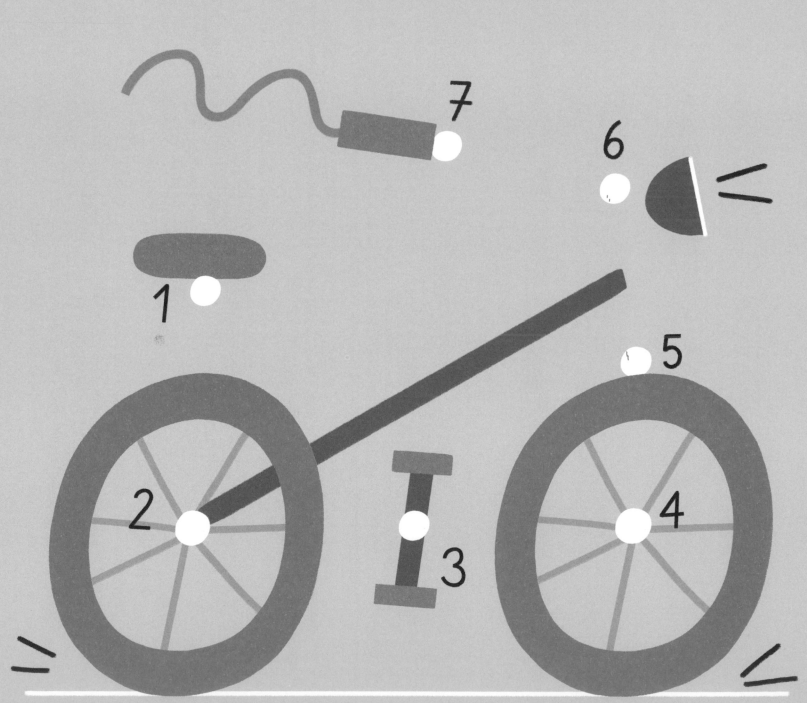

PENSAMOS

¿Cuál de estos tres niños debe sentarse en la última plaza del autobús? Sigue la serie.

CREAMOS

Pega cajas cuadradas en el camión.

TRAZAMOS

A mi abuelo y a mi hermano les gusta ver pasar el tren. Repasa con el dedo la vía del tren y dibuja las piezas que le faltan.

PEGAMOS

Mi abuela viaja mucho en avión. Yo voy al aeropuerto para despedirme de ella. Pega los adhesivos que faltan en este aeropuerto.

CREAMOS

Completa todos los vehículos de la ciudad pintando y pegando papeles de colores.

CONTAMOS Y PENSAMOS

En este edificio todos los números de los pisos están mezclados. Ordénalos y escribe los números correctos en el lado izquierdo.

1

3

5

4

2

6

TRAZAMOS Y CREAMOS

Dibuja los globos siguiendo las líneas de puntos.
Después, pinta cada globo de un color.

PENSAMOS

¿Qué ves en esta página? Di en voz alta el nombre de los objetos que puedes encontrar en la ciudad. Rodea los que son redondos.

CREAMOS Y CONTAMOS

¿Quién quiere colaborar para que el parque tenga muchos colores? Rasga papeles y pega hojas y flores al árbol.

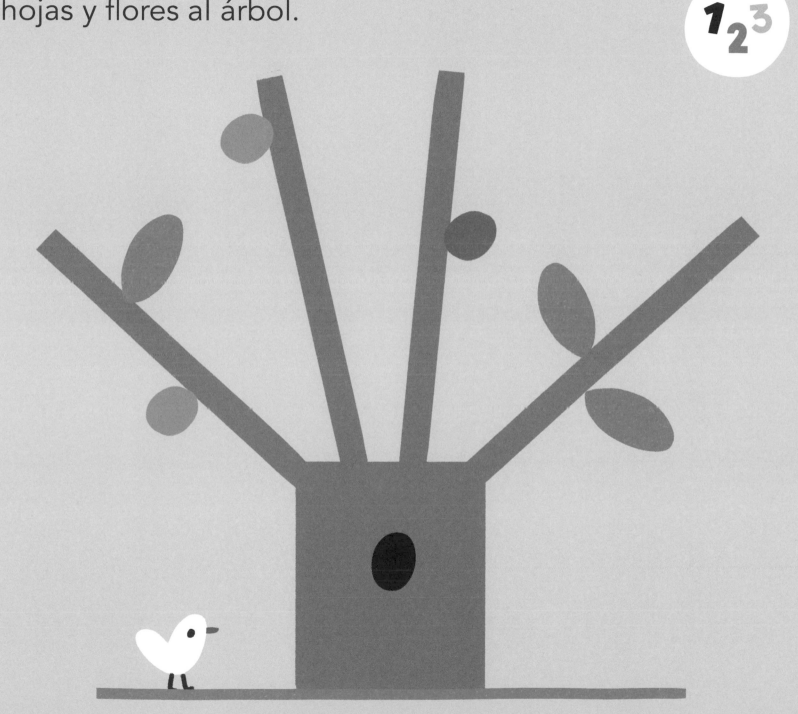

¿Cuántas ramas tiene?   1   2   3   4

CONTAMOS

¿Qué banco del parque es el mayor?
¿Y cuál es el menor?

PENSAMOS

Pepe, el jardinero, plantó semillas en los parques. Ordena la historia colocando los números 1, 2 y 3 en el lugar correspondiente.

CREAMOS

Dibuja un columpio, un arenero, un estanque, flores, plantas..., todo lo que te gustaría que tuviera el parque de tu ciudad.

PENSAMOS

¿Qué camino debe seguir Juan para ir desde el colegio hasta la piscina del polideportivo?

PEGAMOS

¡Qué ciudad tan bonita!
Complétala con los adhesivos.

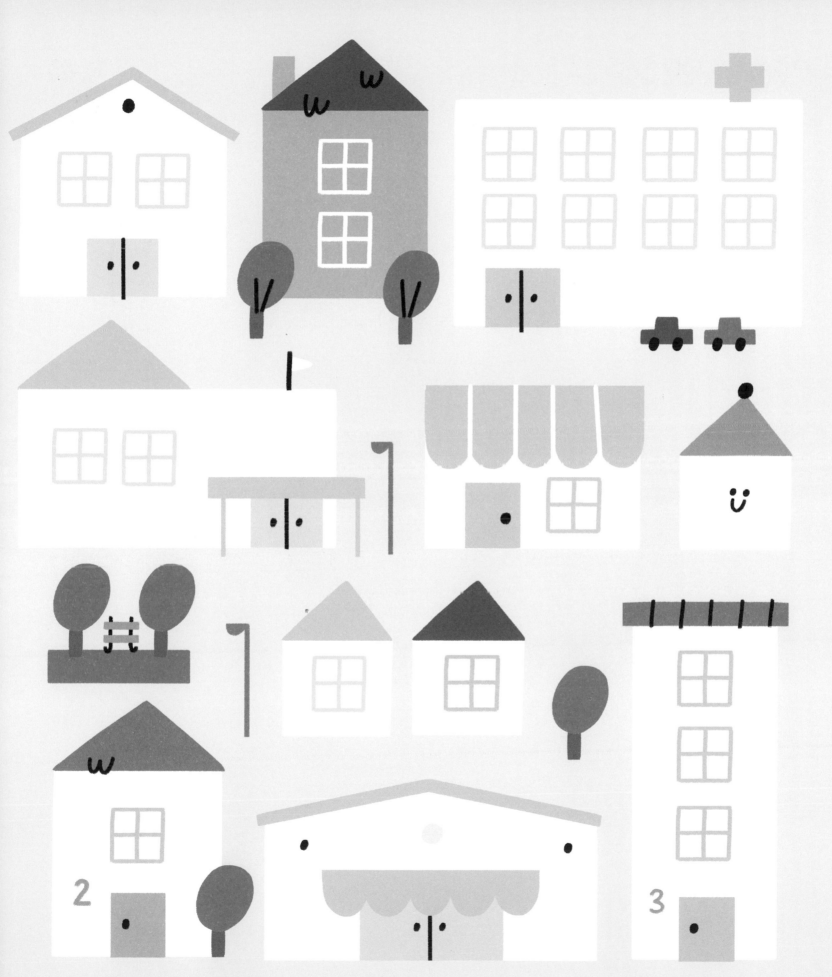

CREAMOS

Rasga tiras largas de papel para crear el agua de la piscina.

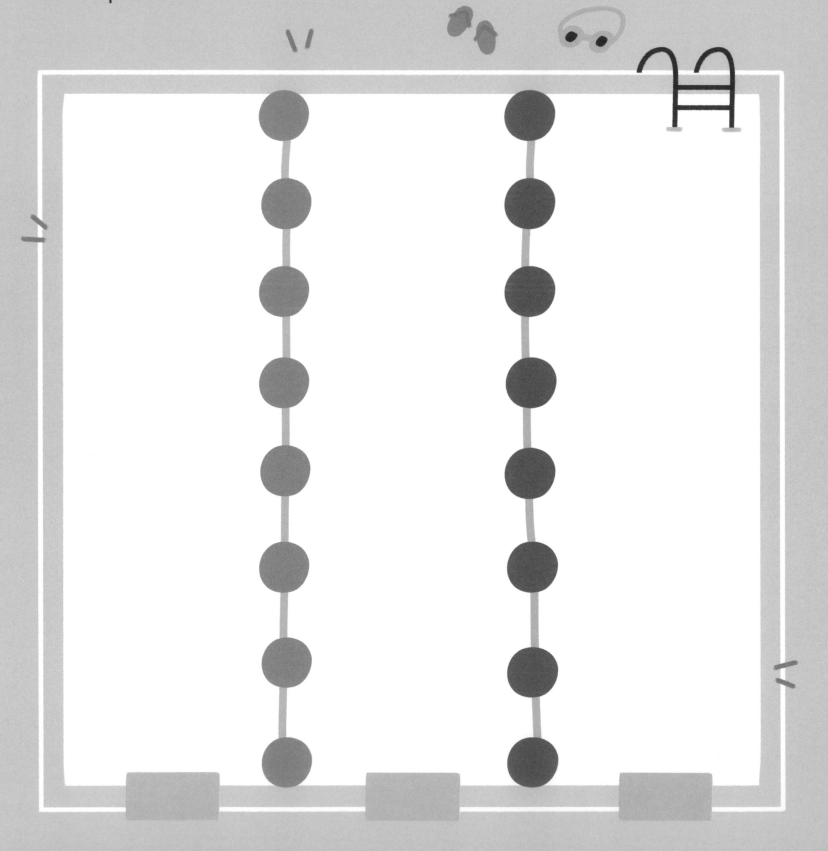

PENSAMOS

¿Cuál de estos objetos o animales no encontrarás nunca en una ciudad?

PENSAMOS Y TRAZAMOS

Sigue los caminos y descubre dónde va cada persona.

CONTAMOS Y PEGAMOS

¿Cuántos objetos hay de cada tipo?
Indícalo pegando al lado el número de adhesivos correspondiente.

PENSAMOS Y CREAMOS

Estas ciudades parecen iguales, pero hay cinco diferencias. Encuéntralas. Después, pinta las ciudades.

PENSAMOS

¿Podrías construir esta grúa con las piezas que tienes? ¿Qué pieza sobra?

CONTAMOS

En los parques de mi ciudad hay muchas familias que pasean a sus perros. Raya el número de perros que hay en cada grupo.

5   2   1

3   6   4

4   3   5

1   3   2

15

P. 15

22